Ursula Harper
Reinhard Abeln

Lasst uns froh und munter sein

Die schönsten Legenden des heiligen Nikolaus

benno

ISTANBUL
TÜRKEI
ANKARA
SCHWARZES MEER
SYRIEN

Hallo, liebes Mädchen, lieber Junge!

In vielen Teilen der Erde kennt man den heiligen Nikolaus. In Ost und West gehört er zu den beliebtesten Heiligen. Zahlreiche Kirchen, Klöster und Kapellen tragen seinen Namen. Allein in Europa sind es dreitausend.
Es ist nicht viel, was wir vom heiligen Nikolaus wissen. Um 280/286 wurde er in Patras in Griechenland geboren. Er war Bischof von Myra, das heute Demre heißt und in der Türkei liegt. 325 nahm er am Konzil von Nizäa teil, und er starb um 350. Das ist fast alles, was uns die Geschichte berichtet.
Das Leben des heiligen Nikolaus wurde im Laufe der Jahrhunderte mit vielen Legenden ausgeschmückt. Die schönsten sind in diesem Buch nacherzählt. Sie zeigen dir seine Liebe und Güte zu den Menschen.
Am 6. Dezember ist der Festtag des heiligen Nikolaus. Da erinnern wir uns mit Freude an den großen Bischof, der der Schutzheilige der Kinder, der Schüler und der Seeleute ist.

Reinhard Abeln

Wie St. Nikolaus Bischof von Myra wurde

Eines Tages starb der alte Bischof von Myra. Die Christen in der Stadt überlegten, wer jetzt ihr Bischof werden könne. Schließlich beschlossen sie, auf ein Zeichen Gottes zu warten. Einer von ihnen hörte im Traum eine Stimme. Diese befahl ihm, morgens die Kirchentür gut im Auge zu behalten. Der erste Mann, der hereinkomme und Nikolaus heiße, solle Bischof werden.
An diesem Morgen ging Nikolaus ahnungslos zur Kirche und öffnete als Erster die Tür. Die Leute fragten ihn: „Wie heißt du?" Er antwortete: „Ich bin Nikolaus, ein Diener Gottes." Darauf wählten ihn die Christen der Stadt zum Bischof, obwohl Nikolaus sie bat, es nicht zu tun.

Nikolaus hilft drei armen Mädchen

In Myra lebte ein Kaufmann. Eines Tages starb seine Frau, und er blieb mit drei Töchtern allein zurück. Vor Trauer konnte er nicht mehr arbeiten und machte viele Schulden. „Meine armen Mädchen wird nun keiner heiraten wollen!“, dachte er verzweifelt.
Nikolaus hörte von dem Unglück des Mannes. Als es dunkel wurde, nahm er drei Säckchen Gold und schlich zu dessen Haus. Vorsichtig öffnete er ein Fenster und warf das Gold in das Zimmer der Mädchen. Leise wollte er davongehen. Doch der Kaufmann lief ihm nach. „Habt Dank!“, rief er. „Ihr habt mir in großer Not geholfen.“ Der Bischof aber antwortete: „Danke nicht mir, sondern Gott!“ Die Töchter des Kaufmanns feierten schon bald Hochzeit.

Der Mann mit dem steinernen Herzen

In der Stadt Myra lebte ein reicher Kaufmann. Der dachte nur daran, wie er immer noch reicher werden könnte. Er machte Geschäfte, die viele in bittere Armut stürzten. Er ließ Menschen aus ihren Häusern werfen, wenn sie ihm Geld schuldeten. Bald war er der reichste, aber auch der einsamste Mann der ganzen Welt.

Keiner wollte etwas mit ihm zu tun haben. Die Leute sagten: „Der hat ein Herz aus Stein in seiner Brust.“

Darüber wurde der Kaufmann sehr traurig. Eines Tages begegnete er Bischof Nikolaus. Der fragte ihn: „Warum bist du so traurig?“ Sofort fing der Kaufmann an zu erzählen.

„Du kannst dein Herz wiederbekommen“, sagte Nikolaus. „Gib von deinem Reichtum ab! Hilf den Menschen, die es brauchen!“ Der Kaufmann befolgte den Rat des Bischofs. Und mit jeder guten Tat verwandelte sich sein Herz aus Stein wieder in ein Herz voller Liebe.

Hilfe aus großer Hungersnot

In der Stadt Myra gab es eine große Hungersnot. Es hatte viele Monate nicht geregnet. Die Pflanzen auf den Feldern waren vertrocknet. Da legten eines Tages fremde Schiffe im Hafen an. Sie waren schwer beladen mit Getreide. Die Seeleute wollten in Myra frisches Trinkwasser an Bord holen. Die hungernden Menschen liefen im Hafen zusammen und bettelten um Getreide. Aber die Seeleute wollten ihnen nichts geben.
Auch Bischof Nikolaus ging zum Hafen und verhandelte mit den Seeleuten. Aber die sagten: „Wir müssen das ganze Korn zu unserem Kaiser bringen, sonst lässt er uns ins Gefängnis werfen."
Da antwortete der Bischof: „Ihr könnt uns ruhig Korn hierlassen. Was ihr für Hungrige tut, wird euch nicht zum Schaden werden. Gott wird eure Schiffe wieder füllen, bis ihr beim Kaiser ankommt."
Da erbarmten sich die Seeleute und luden reichlich Korn aus. Bischof Nikolaus verteilte es, damit jeder gleich viel bekam. Nun konnte Brot gebacken werden und alle konnten sich wieder satt essen.
Später hörten die Leute aus Myra von Reisenden, dass auf den Schiffen der Seeleute tatsächlich kein Korn gefehlt hatte, als sie bei ihrem Kaiser ankamen.

Nikolaus besänftigt die Seeräuber

Eine andere Legende erzählt über die Hungersnot in Myra dieses: Jeden Tag beteten die Menschen mit Bischof Nikolaus und baten um Rettung. Und wirklich: Nach einiger Zeit tauchten Kornschiffe am Horizont auf. Aber dann kamen plötzlich mehrere Seeräuberboote angefahren und versperrten den Kornschiffen den Weg. Die Seeräuber schrien: „Füllt unsere Boote mit Gold, sonst lassen wir die Kornschiffe nicht in den Hafen!"

Entsetzt liefen die Menschen in ihre Häuser und holten Goldmünzen und Schmuck herbei. Doch reichten die Schätze bei Weitem nicht, um damit die Boote zu füllen.

„Ist das alles?", riefen die Seeräuber. „Wenn ihr nicht mehr habt, dann gebt uns eure Kinder! Wir werden sie als Sklaven verkaufen. Dafür kriegen wir gutes Geld auf dem Markt!"

Die Mütter und Väter weinten und jammerten. Gerade als die Räuber die Kinder ergreifen wollten, erscholl die Stimme von Bischof Nikolaus: „Lasst sie frei! Ich bringe euch alle Schätze aus der Kirche!“
Und schon trugen die Diakone glitzernde Leuchter, kostbare Kreuze und goldene Figuren herbei.
Da füllten sich die Boote der Seeräuber, und sie gaben den Weg für die Kornschiffe frei. So wurden alle Kinder gerettet und die Stadt Myra von der Hungernot befreit.

Der Junge Afrem und Sankt Nikolaus

In einem kleinen Ort in den Bergen bei Myra lebte ein Junge. Sein Name war Afrem. Der Junge war sehr arm. Er hatte nur einen Esel und einen Stall.

Eines Abends im kalten Winter traf Afrem unterwegs einen alten Mann. Dieser war zu müde zum Laufen. Beine und Füße schmerzten ihn, weil er schon einen weiten Weg hinter sich hatte. Der alte Mann saß auf einem Stein am Wegrand. Als Afrem ihn sah, lud er ihn auf seinen Esel und brachte ihn wohlbehalten ins Dorf.

Afrems Füße waren vom langen Weg eiskalt geworden, weil er keine Schuhe und Strümpfe hatte. Zu Hause wärmte er sie an einem kleinen Feuer, das er gemacht hatte.

Am nächsten Morgen standen vor Afrems Tür ein Paar warme Stiefel. Sie waren gefüllt mit Äpfeln, Nüssen und anderen leckeren Sachen. Da erkannte Afrem, dass der alte Mann, den er mit seinem Esel ins Dorf gebracht hatte, Nikolaus gewesen war.

Nikolaus befreit unschuldige Soldaten

Zur Zeit des Kaisers Konstantin der Große wurde drei Soldaten vorgeworfen, sie hätten den Kaiser verraten. Obwohl sie unschuldig waren, wurden sie auf Befehl des Kaisers in einen dunklen Kerker geworfen und zum Tode verurteilt.

Als nun die Soldaten in strenger Haft auf ihre Hinrichtung warteten, erinnerten sie sich an den heiligen Nikolaus. In ihrer Not riefen sie den Bischof um seinen Beistand an.

In der darauffolgenden Nacht hatte Kaiser Konstantin einen Traum: Ein Mann, der sich Nikolaus, Bischof von Myra, nannte, erschien ihm und forderte ihn auf: „Lass die Soldaten sofort frei! Sie liegen unschuldig im Kerker. Tust du es nicht, wird Gott dir einen

Krieg schicken, in dem du umkommen und den Vögeln zum Fraß dienen wirst!“

Durch diesen Traum erschreckt, ließ der Kaiser am nächsten Morgen die Gefangenen zu sich rufen. Er fragte die Soldaten, ob ihnen ein Bischof Nikolaus bekannt sei. Sie bejahten es und beteuerten noch einmal ihre Unschuld. Der Kaiser ließ daraufhin die drei Soldaten frei und schickte sie mit reichen Geschenken zu Bischof Nikolaus nach Myra. Den Soldaten fiel es wie Schuppen von den Augen: Sie erkannten, wer für sie beim Kaiser gesprochen und sich für ihre Freilassung eingesetzt hatte.

Nikolaus rettet die Kinder von Kreta

An einem Karfreitag spielten in einem Küstenort der Insel Kreta drei Kinder am Strand. Im Spiel bestiegen die Kinder einen Kahn und ruderten ein Stück auf das ruhige Meer hinaus. Da erhob sich ganz plötzlich ein Sturm und trieb das kleine Boot immer weiter hinaus. Boot und Kinder gerieten in große Gefahr.

Die Eltern der Kinder standen verzweifelt am Ufer. Sie baten Schiffsleute, gegen hohen Lohn auf einem größeren Boot aufs Meer hinauszufahren und ihre Kinder zu retten. Aber die Männer schafften es nicht, in die Nähe der bedrohten Kinder zu gelangen.

In ihrer Not fiel es den Kindern ein, zu Gott um Errettung durch den heiligen Nikolaus zu flehen. Tatsächlich erschien der Heilige den Kindern und lenkte ihr schwankendes Boot aus dem Sturm heraus.

Nikolaus gab den durchnässten Kindern Speise und Trank und deckte sie zu, sodass sie einschlafen konnten. Als sie am Ostertag aufwachten, sahen sie den Heiligen erneut. Sie freuten sich, dass sie und ihr Boot wohlbehalten im Hafen gelandet waren.

Die erretteten Kinder und ihre glücklichen Mütter und Väter dankten Sankt Nikolaus für seine große Hilfe in der Not.

Die Rettung der drei Schüler

Einmal reisten drei Schüler in eine fremde Stadt. Sie wollten dort eine Klosterschule besuchen. Damals gab es noch nicht wie heute an jedem Ort eine Schule.

Die Eltern hatten den drei Schülern für ihren Weg ein Reisebündel mitgegeben. Darin waren Wäsche, Kleider, Schreibtafeln sowie Goldstücke für den Unterricht und die Übernachtung in der Klosterschule.

Auf ihrer langen Wanderung kamen die Schüler eines Abends müde in ein Wirtshaus und baten um eine Übernachtung. Als die Kinder ihr Reisebündel aufmachten, sahen die Wirtsleute die Goldstücke. Da wurden sie so böse in ihrem Herzen, dass sie die drei Jungen in der Nacht töteten, um an das Gold zu kommen.

Gleich darauf klopfte es an die Wirtshaustür. Herein kam ein Bettler, den die Wirtsleute gar nicht einlassen wollten. Er aber schob sie beiseite und ging auf die Schlafkammer der Schüler zu und entdeckte die grausige Tat.

„Ihr Mörder", rief er, „Gott wird euch bestrafen!" Dann nahm er die drei Schüler bei der Hand. Sofort erhoben sich die Jungen – sie lebten! Sie fielen vor dem Mann nieder und riefen: „Du bist Nikolaus, der uns errettet hat!"

Seitdem wird der heilige Nikolaus als Schutzpatron der Schüler verehrt.

Nikolaus hilft Seeleuten in der Not

Seeleute aus Myra waren einmal auf dem Meer unterwegs. Plötzlich kam ein gewaltiger Sturm auf, der so heftig wurde, dass die Masten brachen. Die Wellen schlugen so hoch, dass bald das ganze Schiff voller Wasser stand.

In ihrer Not riefen die Seeleute Sankt Nikolaus um Hilfe an. Da sahen sie plötzlich einen unbekannten Mann mit wehendem Mantel auf dem Schiff. Er half, Segel und Masten zu richten. Dann ergriff er mit ruhiger Hand das Steuerrad und lenkte das Schiff sicher in den Hafen.

Die Seeleute gingen in die nächste Kirche, um Gott für die wunderbare Rettung zu danken. Dort erkannten sie den Mann, der ihnen auf dem Schiff geholfen hatte: Es war der Bischof Nikolaus. Die Seeleute dankten ihm für seine Hilfe. Nikolaus sagte: „Es war Gott, der euch gerettet hat. Vertraut auf ihn, so wird euch nichts geschehen!“ Da baten die Seeleute Nikolaus, ihr Schutzpatron zu werden.

Gebete zum Nikolausfest

Lieber Gott,
wir wissen nicht viel
vom heiligen Nikolaus.
Aber bis heute erzählen
die Menschen von ihm.
Im Kindergarten oder in der Schule
spielen wir Geschichten
aus seinem Leben
und singen Lieder.
Danke, lieber Gott,
für das schöne Nikolausfest!
Amen.

Lieber Gott,
am 6. Dezember feiern wir
das Fest des heiligen Nikolaus.
Nikolaus hat vor vielen Jahren gelebt.
Er hat Menschen geholfen,
die in Not waren.
Er hat denen, die Hunger hatten,
Brot gegeben.
Er hat den Armen Geschenke gemacht.
Er hat die Traurigen getröstet.
Besonders hat er die Kinder geliebt.
Das haben die Menschen
bis zum heutigen Tage nicht vergessen.
Auch ich möchte für andere da sein.
Ich will mir überlegen, was ich tun kann,
um ihnen zu helfen
und eine Freude zu machen!
Bitte, hilf mir dabei!
Amen.

Bibliografische Information der Deutschen Nationalbibliothek

Die Deutsche Nationalbibliothek verzeichnet diese Publikation
in der Deutschen Nationalbibliografie;
detaillierte bibliografische Informationen sind im Internet
über http://dnb.d-nb.de abrufbar.

Texte: Reinhard Abeln, Stuttgart
Illustrationen: Ursula Harper, München

Besuchen Sie uns im Internet:
www.st-benno.de

ISBN: 978-3-7462-2940-9

Stammerstr. 11, 04159 Leipzig
Gestaltung: Ulrike Vetter, Leipzig
Gesamtherstellung: Arnold & Domnick, Leipzig (A)